BEI GRIN MACHT SICH IHR WISSEN BEZAHLT

AF144564

- Wir veröffentlichen Ihre Hausarbeit,
  Bachelor- und Masterarbeit

- Ihr eigenes eBook und Buch -
  weltweit in allen wichtigen Shops

- Verdienen Sie an jedem Verkauf

Jetzt bei www.GRIN.com hochladen und kostenlos publizieren

Bibliografische Information der Deutschen Nationalbibliothek:

Die Deutsche Bibliothek verzeichnet diese Publikation in der Deutschen National-
bibliografie; detaillierte bibliografische Daten sind im Internet über http://dnb.d-
nb.de/ abrufbar.

Impressum:

Copyright © 2016 GRIN Verlag, Open Publishing GmbH
Druck und Bindung: Books on Demand GmbH, Norderstedt Germany
ISBN: 9783668237759

Dieses Buch bei GRIN:

http://www.grin.com/de/e-book/324062/marktforschung-und-daraus-abgeleitete-
sortimentsgestaltung

Lukas Erlinger

Marktforschung und daraus abgeleitete Sortimentsgestaltung

GRIN Verlag

GRIN - Your knowledge has value

Der GRIN Verlag publiziert seit 1998 wissenschaftliche Arbeiten von Studenten, Hochschullehrern und anderen Akademikern als eBook und gedrucktes Buch. Die Verlagswebsite www.grin.com ist die ideale Plattform zur Veröffentlichung von Hausarbeiten, Abschlussarbeiten, wissenschaftlichen Aufsätzen, Dissertationen und Fachbüchern.

Besuchen Sie uns im Internet:

http://www.grin.com/

http://www.facebook.com/grincom

http://www.twitter.com/grin_com

Marktforschung und daraus abgeleitete Sortimentsgestaltung

I. Inhaltsverzeichnis

I.	Inhaltsverzeichnis	I
II.	Abkürzungsverzeichnis	III
1.	Einleitung | Marktforschung	4
2.	Marktforschung mit einfachen Mitteln	4
2.1	Erhebungsmethoden und praktische Anwendungsgebiete	5
	2.1.1 Marktinformation die Grundlage jeder Marketingentscheidung	5
	2.1.2 Übersicht über die Methoden der Datenbeschaffung	6
	2.1.3 Primärforschung	6
	2.1.4 Sekundärforschung	7
	2.1.5 Ablauf einer Marktstudie	7
2.2	Externe Helfer, Techniken, Kosten und Verarbeitung	8
	2.2.1 Umgang mit Marktforschungsinstituten	8
	2.2.2 Marktforschungstechniken	9
	2.2.3 Cashback	9
	2.2.4 Kosten der Marktforschung	10
	2.2.5 Verarbeitung der Daten	10
2.3	Spezialanwendung in der Marktforschung	11
	2.3.1 Umfeld, Branche, Konkurrenz	11
	2.3.2 Bedarf, Marktvolumen, Trends	12
	2.3.3 Produkte, Preise und Konditionen	13
	2.3.4 Portfolioanalyse	15
	2.3.5 Kunden und Zielgruppen	15
	2.3.6 Regionalforschung, Geomarktforschung	16
	2.3.7 Werbeforschung	17
3.	Methoden für eine effiziente Sortimentsgestaltung	19
3.1	Sortiment und Sortimentsgestaltung	19
	3.1.1 Sortimentspyramide	19
	3.1.2 Einflussfaktoren auf die Sortimentsgestaltung	19
	3.1.4 Sortimentspolitische Alternativen	20
	3.1.4 Sortimentsgestaltung im Rahmen der ECR-Konzept	20
	3.1.5 Beschaffungsmethodenpolitik	22
	3.1.6 Auswahl der optimalen Beschaffungsart	23
3.2	Datenquellen als Grundlage der Sortimentsgestaltung	24
	3.2.1 Retail-Panel und Scanner-Panel	24
	3.2.2 Einzelgeschäftsdaten	24
	3.2.3 Geschäftseigene Scanner-Daten	25

	3.2.4	Consumer-Panel	25
	3.2.5	Bondaten/Warenkorbdaten	26
	3.2.6	Ad-hoc-Studien	26
3.3	Sortimentsgestaltung mit Hilfe von Kennzahlanalysen		26
	3.3.1	Einzelproduktbezogene Kennzahlen/Analysen	26
	3.3.2	Ausgewählte einzelproduktbezogene Kennzahlen/Analysen	28
4.	Literatur- und Quellenverzeichnis		30
III.	Abbildungsverzeichnis		32
IV.	Tabellenverzeichnis		32

II. Abkürzungsverzeichnis

Bsp.	Beispiel
bspw.	beispielsweise
bzw.	beziehungsweise
d. h.	das heißt
DB	Deckungsbeitrag
ebd.	Ebenda
etc.	et cetera
evtl.	Eventuell
ggf.	gegebenenfalls
Jh.	Jahrhundert
kalk.	kalkulatorisch
mdf	Master Data File (Datenbankformat)
o. a.	oben angeführt
od.	oder
USP	Unique Selling Proposition – Alleinstellungsmerkmal
vmö	Verband Marktforscher Österreichs
z. B.	Zum Beispiel

Marktforschung und daraus abgeleitete Sortimentsgestaltung
| Lukas Erlinger

1. Einleitung | Marktforschung

Der Verfasser behandelt in der vorliegenden Diplomarbeit das Thema Markt-forschung mit einfachen Mitteln und die daraus abzuleitende Sortiments-gestaltung. Diese Arbeit versucht einerseits die Arten der Marktforschung sowie der Sortimentsgestaltung aufzuzählen bzw. diese zu erklären. Darüber hinaus Beispiele zu bieten, in welche oben genannten Techniken erfolgreich oder weniger erfolgreich zur Anwendung kamen. Am Ende wird sich der Verfasser noch einer kurzen Analyse rund um den Nutzen, den die Hewal OG aus dieser wissenschaftlichen Arbeit sowie aus der zugrunde liegenden Smartphone Applikation kebAPP ziehen kann, widmen.

2. Marktforschung mit einfachen Mitteln

Der Begriff Marktforschung ist ein sehr breit gefächertes Themengebiet, mit dem sich jeder Unternehmer im Zuge seiner Geschäftstätigkeiten widmen sollte, um langfristig kundenorientiert und somit erfolgreich wirtschaften zu können.

In den folgenden Seiten erklärt der Verfasser die verschieden Arten der Markt-forschung und wann diese bevorzugt zum Einsatz kommen.

Im Großen und Ganzen lässt sich das Kapitel Marktforschung in zwei große Teil-bereiche, der Pimär- sowie der Sekundärforschung, aufgliedern.

Grundsätzlich kann gesagt werden, dass die Marketinginstrumente umso besser zum Einsatz kommen können, je genauer der Markt im Detail erforscht und bekannt ist. Betriebswirte unterscheiden zwischen drei weiteren Teilbereichen der Marktforschung, welche sich in die Absatz-, Produkt- und Konkurrenzforschung abgrenzen lassen.

Die Absatzforschung beschäftigt sich mit den potenziellen Kunden und deren Bedürfnisse, Kaufkraft sowie dem bisherigen Eindruck des Unternehmens.

Die Produktforschung ermittelt die Anforderungen, die ein neues Produkt bezüglich Qualität, Aussehen, Handhabung, Preis, Verpackung usw. erfüllen sollte.

Die Konkurrenzforschung beschäftigt - sich wie das Wort schon sagt - vor allem mit der Konkurrenz und deren vergleichbare Produkte am Markt, deren Preis, Qualität etc.[1]

2.1 Erhebungsmethoden und praktische Anwendungsgebiete

2.1.1 Marktinformation die Grundlage jeder Marketingentscheidung

„Zuverlässige Informationen sind in der Wirtschaft die Voraussetzung für die Wettbewerbsfähigkeit und Kundenorientierung von Unternehmen. Durch das rechtzeitige und gründliche Sammeln von Marktinformationen lassen sich Geschäftsrisiken reduzieren und fundierte Entscheidungen treffen. Dies gilt sowohl für etablierte Unternehmen, die Ihre Stellung am Markt verteidigen und ausbauen wollen, als auch für Existenzgründer vor und während des Markt-eintritts."[2]

Das Zitat „Wer zu spät kommt, den bestraft das Leben"[3] bekommt beispielsweise in der Technologiebranche eine neue Bedeutung. So wird das Smartphone, welches ein Jahr zu spät mit selbiger Hardware auf den Markt gebracht wird, laut renommierten Unternehmensberatern die kommenden fünf Jahre 30 % weniger Umsatz bringen. Die F&E–Kosten, um dieses ein Jahr früher anbieten zu können, würden das Gesamtergebnis jedoch nur um minimale 5 % schrumpfen lassen. Die Hauptnutzen, die ein Unternehmen durch kontinuierliche Marktforschung und den daraus resultierenden Marktinformationen hat, sind vielfältig.

Zu den wichtigsten Nutzen zählen:

- Zeitvorsprung um neue Technologien früher auf den Markt bringen zu können als die Konkurrenz.
- Wettbewerbsvorteil durch ein Alleinstellungsmerkmal wie eine besondere Farbe (Nivea-Creme) oder Form das den Wünschen der potenziellen Kunden entspricht.
- Kundenvorteil mittels - bedacht auf den Kunden ausgerichtete - Produkte und Dienstleistungen.
- Innovationsantrieb für Innovation, die in entdeckte Marktnischen platziert werden und bestenfalls auch Patente, die dafür erteilt werden.[4]

---

[1] Vgl. Rechnungswesen Verstehen (2013) Kapitel Marktforschung
[2] WissenswertGmbH (2013)
[3] Michail Gorbatschow (1989)
[4] Vgl. Kastin S. 1ff

2.1.2 Übersicht über die Methoden der Datenbeschaffung

Es wird bei den Methoden grundsätzlich zwischen internen sowie externen Beschaffungswegen unterschieden. D. h. die Daten können sowohl aus der Organisation sowohl als auch aus der externen Unternehmensumwelt stammen. Obwohl z. B. Außendienstmitarbeiter auf den ersten Blick als externe Informationsträger scheinen mögen, sind deren Informationen über den Markt im Prinzip unbrauchbar, da deren persönliche Betroffenheit zu einer entscheidenden Verzerrung der Ergebnisse führt.

Im Großen und Ganzen lassen sich vier unterschiedliche Datenquellen nennen:

Intern (sekundär):   Analyse regelmäßig erstellter Umsatzstatistiken oder die nachträgliche Analyse von Produktionsstatistiken.

Intern (primär):   Einem Mitarbeiter de Rechnungswesen-Abteilung den Auftrag erteilen, etwaige Analysen durchzuführen.

Extern (sekundär):   Nutzung verschiedenster externer Quellen der Sekundärforschung.

Extern (primär):   Alle extern durchgeführten Befragungen, Experimente oder Beobachtungen, die der Primärforschung zuzuordnen sind.[5]

Es gilt die Methoden sorgfältig zu wählen, da die Kosten der Datenbeschaffung im Schnitt 60 – 75 % der Kosten einer gesamten Marktstudie ausmachen. Deshalb darf auch der Aufwand/Preis nicht aus den Augen verloren werden.[6]

2.1.3 Primärforschung

Unmittelbare Marktinformationen, welche von Personen die im anvisierten Geschäftsfeld zu tun haben, stammen. D. h. Kunden, Interessenten, Produzenten, Lieferanten usw. Von Primärforschung, auch „field research" genannt, spricht man, wenn die forschungsrelevanten Daten eigens erhoben werden müssen, beispielsweise durch eine Befragung. In den letzten Jahren hat in diesem Bereich die Onlinebefragung als Weg zur Beschaffung von Marktinformationen immer mehr an Bedeutung gewonnen. Ein anderer Kanal, um an benötigte Informationen zu kommen, ist das Experiment. Wobei hier ein Testmarkt geschaffen und das zu testende Produkt nur einem bestimmten

---

[5] Vgl. Raab S. 31ff
[6] Vgl. Kastin S. 17f

Testkäufermarkt zur Verfügung gestellt wird, um das Risiko eines möglichen Misserfolges zu minimieren. Diese Art der Marktforschung wird eingesetzt, wenn es nötig ist, Informationen in Detailfragen zu erhalten. Um aber einen groben Überblick über bereits vorhandene Marketingdaten zu erlangen, dient die im nächsten Absatz erklärte Sekundärforschung.[7]

2.1.4　Sekundärforschung

Sekundärforschung, auch „desk research" im Englischen, beschreibt die Aufbereitung und Auswertung von bereits vorhandenem und passendem Datenmaterial, welches nicht extra für diesen Forschungszweck gesammelt wurde. Vorteilhaft sind die Zeit- und Kostenersparnis, da keine Datenerhebung erforderlich ist. Nachteilig wirkt sich aus, dass die existierenden Informationen zeitlich sowie qualitativ überholt sein könnten.[8] Einerseits können für die Sekundäranalyse Datensätze von früheren firmeninternen Marktanalysen herbeigezogen werden (interne Quellen) oder von demografisch-statistischem Material, z. B. von der Statistik Austria. Zusätzlich können Daten von weiteren amtlichen Statistiken, Bankinstituten, Verbänden, Kammern etc. bezogen werden, jedoch müssen die Daten der externen Quellen immer auf deren qualitative Wertigkeit hin überprüft werden.[9]

2.1.5　Ablauf einer Marktstudie

> *„Es gibt keinen Weg zu Z, der nicht am A vorbeiführt."*[10]

Der Ablauf einer Marktstudie muss, wenn diese zum Erfolg führen soll, genauestens strukturiert werden, d. h. den Umfang der Studie abschätzen und festlegen, die Zielgruppe definieren, vorhandene Ressourcen festlegen und die Art der Datenerhebung bestimmen. Die „5 D's" der Marktanalyse helfen dabei immer den Überblick über den aktuellen Stand sowie die kommenden Schritte der Marktanalyse im Auge zu behalten:

---

[7] Vgl. Meyhöfer (2015)
[8] Vgl. Wübbenhorst
[9] Vgl. Schwarzbauer S. 4ff
[10] Hebbel (2015)

1. Phase	Definition

Festlegung der Ziele

2. Phase	Design

Erstellung der Analyse

3. Phase	Datengewinnung

Daten mittels Befragungen, Fragebögen, Experimenten etc. beschaffen

4. Phase	Datenanalyse

Auswertung der gewonnenen Daten

5. Phase	Dokumentation

Daten für evtl. spätere Sekundärforschung aufbereiten und abspeichern[11]

2.2 Externe Helfer, Techniken, Kosten und Verarbeitung

2.2.1 Umgang mit Marktforschungsinstituten

Um in Kontakt mit dem passenden Marktforschungsinstitut zu kommen, empfiehlt sich die Seite des Verbands der Marktforscher Österreichs (vmö). Die auf der Website enthaltene Institut-Suche ermöglicht binnen kürzester Zeit das geeignete Unternehmen, welches für das Vorhaben zutreffende Service anbietet, zu finden und dieses zu kontaktieren. Bei der Vorauswahl sind neben den angebotenen Services, vorhandenen Branchenkenntnissen sowie Erfahrungen anderer Unternehmer besonders wichtig. Im Vorfeld können sie frühere Marktforschungsprojekte der infrage kommenden Institute auf Gründlichkeit, Korrektheit und den Gesamteindruck bewertet werden.[12]

Vor allem auf eine ausführliche und verständliche Kalkulation, sowie der zu erwartenden Kosten, ist großer Wert zu legen. Wenn möglich sollte bedacht werden, sich bereits im Vorfeld auf einen Fixpreis für bestimmte Leistungen zu einigen oder zumindest um regelmäßige Kosteninfos bitten, da sonst das schlimme Erwachen beim Erhalt der Rechnung drohen kann.

---

[11] Vgl. Bernecker (2012)
[12] Vgl. Kastin S. 174

Der Verfasser vertritt die Ansicht, dass bei geringen Preisdifferenzen auch objektive Aspekte wie Regionalität, persönliche Betreuung usw. in die Auswahl des passenden Instituts einfließen sollten. Beispielsweise würde der Verfasser als Jungunternehmer zuerst bei der Firma market calling Niederwaldkirchen anfragen, da ich dort sicher sein kann Arbeitsplätze in der Region nachhaltig zu sichern.

2.2.2 Marktforschungstechniken

Bei den verschiedenen Marktforschungswerkzeugen unterscheidet der vmö zwischen acht Teilbereichen:

- Desk Research: siehe Sekundärforschung Kapitel 2.1.4

- Telefoninterviews: Potenzielle Zielgruppe wird direkt per Anruf befragt

- Face-to-Face Interview: Interviewer gehen auf die Straße und sprechen Menschen an, d. h. kaum Zielgruppenorientierung möglich

- Online Marktforschung: Umfrage im Internet (Fragebogen, individuelle Einzelumfrage)

- Focus Groups: Teilstandardisiertes Interview in Form einer moderierten Gruppendiskussion

- Tiefeninterviews: Nur grobstrukturiertes Einzelinterview, der Interviewer führt Regie

- Feldservice: Probanden wissen nicht, dass sie an einem Experiment teilnehmen z. B. neues Produkt wird nur in bestimmten Supermärkten als Feldversuch angeboten

- Mystery Studien: Ein Marktforschungsinstitut schickt Testkäufer in einen Supermarkt, der unterdurchschnittliche Verkaufszahlen aufweist um Gründe aufzuspüren[13]

2.2.3 Cashback

Das Cashback-System lässt sich in zwei größere Teilgebiete unterteilen. Zum einen setzen Unternehmen, die von der Ausgereiftheit ihrer Produkte vollstens überzeugt sind, auf die Geld-Zurück-Garantie. Sollte ein Kunde mit dem erworbenen Produkt nicht glücklich sein, erhält dieser den vollen Kaufpreis oder wie z. B. bei den „ACTIVIA Testwochen" sogar 200 % rückerstattet. Durch die Anzahl der Rückläufer ist leicht errechenbar, wie zufrieden die Grundgesamtheit

---

[13] Vgl. Kuss S. 132

der Käufer zum Produkt gestimmt ist. Zweitens können durch die verbalen Rückmeldungen der Kunden Schwachstellen gefunden und diese verbessert werden. Die zweite populäre Art des Cashback-Systems zielt weniger auf unzufriedene Konsumenten ab sondern gewährt jenen, die das Produkt kaufen und sich die Mühe machen etwa den Produktcode und einen Fragebogen im Internet auszufüllen, die Rückerstattung des gesamten Kaufpreises.[14]

2.2.4 Kosten der Marktforschung

Grundsätzlich sind die Kosten für Marktforschung in Eigen- und Fremdkosten zu unterscheiden. Wobei Eigenkosten die Kosten beziffern die im eigenen Haus entstehen im Gegensatz zu den Fremdkosten die Aufwendungen für externe Dienstleistungen beschreiben. Eigenkosten sind wiederum in projektbezogene Einzelkosten und projektbezogene Umlagekosten aufzuteilen. Zu den Einzelkosten gehören beispielsweise die Kosten für die Bereitstellung der erforderlichen Personalressourcen, Kosten für spezielle Software zur Erhebung und Auswertung forschungsrelevanter Daten, Druckkosten, Nutzung von Räumen etc. Weiters gibt es noch die Umlagekosten, welche die kalkulatorisch abgrenzbaren Personal- und Sachkosten angeben. Im Gegensatz zu den Eigenkosten stehen die Fremdkosten. Wie o. a. sind diese von externen Partnern entweder als Paket zum Gesamtpreis angeführt oder unterteilt in Einzelkostenpunkte für etwa Recherchen, Befragungen, Personalaufwand usw. aufgelistet.[15]

Im Rahmen der Kostenrechnung werden die Kosten für Marketing und Marktforschung zur Kostenstelle Verwaltung & Vertrieb zugerechnet und sind somit, sofern mit den Vollkosten kalkuliert wird, auf die Selbstkosten aller Produkte oder Dienstleistungen im Unternehmen aufzuteilen.

2.2.5 Verarbeitung der Daten

Die Aufbereitung der gesammelten Daten ist bis zu einem geringen Umfang noch händisch oder mittels Excel-Tabellen möglich. Für Marktforschungsprojekte mit größerem Umfang gibt es spezielle Software zum Kauf, welche diese Daten auswertet. Jedoch ist zu beachten, dass diese meist sehr kostspielig sind. Dies sollte bereits im Vorfeld in die Kalkulation mit einfließen.[16]

---

[14] Activia (2015)
[15] Vgl. Kastin S. 199f
[16] Vgl. Rechnungswesen heute II S. 60ff

Am einfachsten, kann man sich mit den gesammelten Daten, einen Überblick über die Feststellungen der Forschung verschaffen; z. B. bestimmte Häufigkeiten. Wenn man die Ergebnisse auf eine bestimmte Altersgruppe beschränkt betrachtet, spricht man von einem Einblick. Wenn weiterführend die Beziehungen zwischen mehreren Parametern beleuchtet werden, kommt man zu einem spezifischen Durchblick. Interpretiert man die gewonnenen Erkenntnisse für die Zukunft, kann etwa ein Wachstumsausblick geschaffen werden, dessen Genauigkeit je nach Größe der Stichprobe variiert. Marketingexperten der alten Schule schwören auf die händische Auswertung, da dadurch Faktoren berücksichtigt werden könnten, die kein Computer der Welt erkennen und in Entscheidungen mit einfließen lassen kann. Durch immer umfangreichere und kompliziertere Datensammlungen ist es aber mittlerweile beinahe unmöglich, eine Befragung mit einem aussagekräftigen Umfang sinnvoll auszuwerten. Der Verfasser denkt, persönliche Interviews sollten weiterhin händisch ausgewertet werden, da ansonsten die menschlichen Fähigkeiten verloren gehen einzelne Aspekte unterschiedlich, je nach Ausgangslage, zu bewerten und zu gewichten. Bei Fragebögen hingegen ist es sehr sinnvoll Computersysteme einzusetzen, um einen aussagekräftigen Konsens zu finden.[17]

2.3   Spezialanwendung in der Marktforschung

2.3.1   Umfeld, Branche, Konkurrenz

Da der Markt eigentlich gesättigt und dadurch Überkapazitäten bei den Produzierenden entstehen, spielt der Verdrängungswettbewerb eine immer größere Rolle. Die Marktforschung hat also die Aufgabe potentielle Verdrängungskonkurrenten aufzuzeigen und Maßnahmen zu erarbeiten diesem andauernden Preiskampf zu entkommen bzw. Parole zu bieten.[18]

Das Umfeld eines Unternehmens ist vielschichtig, einerseits ist die wirtschaftliche Performance (BIP, Arbeitslosigkeit, Wirtschaftswachstum, Kaufkraft usw.) des Produktions- oder Vertriebsstandorts fundamental (Bsp.: Apple hätte wohl nie seinen wirtschaftlichen Erfolg erlangt, wenn sie das iPhone zum selben Preis nur in wirtschaftlich schwächeren Ländern auf den Markt gebracht hätte).

Andererseits muss auf das gesetzliche Umfeld am Wirtschaftsstandort wie Zölle, marktregulierende Maßnahmen, Umweltschutzmaßnahmen etc. geachtet werden, meint der Verfasser.

---

[17] Vgl. Kastin S. 206ff
[18] Vgl. Praxisblicke II S. 129f

2.3.2 Bedarf, Marktvolumen, Trends

„Bedarf entsteht, wenn ein vorhandenes oder erwecktes Bedürfnis durch vorhandene und freie Kaufkraft zur Nachfrage nach konkreten Produkten wird. Im Bereich der Marktforschung und des Marketings ist streng zwischen Nachfrage, Bedarf und Bedürfnis zu unterscheiden."[19]

Der Begriff Marktvolumen beschreibt im Allgemeinen, das, in einem bestimmten Zeitraum erwirtschaftete Absatzvolumen, einer bestimmten Produktkategorie oder Produktes aller Anbieter in einem Markt. Das gesamte Marktvolumen, welches wiederum in die Marktanteile jeweiliger Anbieter unterteilt werden kann, ist ein Teil des theoretisch möglichen Marktpotenzials.

Anhand dieser Werte lässt sich der Sättigungswert des fokussierten Marktes errechnen:

$$Sättigungswert = \frac{Marktvolumen\ bzw.Bestand}{Marktpotential}[20]$$

Interpretiert werden kann dieser Wert etwa, dass von 100 Personen in Österreich bereits 99 einen Zugang zu einem Telefon haben, was einen Sättigungswert von 99 % ergibt.

Das Versäumen oder das Ignorieren eines neuen erfolgversprechenden Trends kann zum vollkommenen Verlust des gesamten Kundenstamms führen. Beispielsweise hat der vormals größte Handyhersteller Nokia anfang des 20. Jh. das Potenzial von Smartphones anfangs unterschätzt und den Fokus weiterhin auf klassische Mobiltelefone gelegt. Das Unglück nahm seinen Lauf, die Marktanteile schrumpften von der Monopolstellung am Handymarkt des Jahrtausends auf ca. 8 % im Jahr 2014. Darauf folgte der Verkauf der Mobilfunksparte an den Microsoft-Konzern.[21]

---

[19] Wimmer (2015)
[20] Kastin (2008) S. 272
[21] Vgl. derStandard (2013)

**Marktanteile Smartphones
in Deutschland 2014**

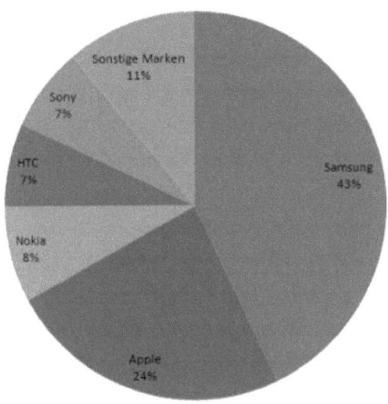

Abbildung 1: Marktanteile Smartphones 2014[22]

Dieses Beispiel zeigt, wie ein einstiger Marktregent durch das Ignorieren neuer Trends binnen weniger Jahren vom Markt quasi verschwinden kann.

2.3.3   Produkte, Preise und Konditionen

Zu Beginn der Sortimentsgestaltung muss geklärt werden, in welchem Segment das neu auf den Markt zu bringende Produkt platziert werden soll und daraus resultierend auf welchen Kundenstamm das Produkt oder die Dienstleistung abzielen soll.[23]

Man unterscheidet zwischen Hoch- und Tiefpreisstrategie (ebenfalls Dumping-preisstrategie genannt), weiters existiert auch die Mittelpreisstrategie. Diese hat es jedoch am Markt merkbar schwerer, da sie aufgrund mangelnder Differenzierung von den Konsumenten schwerer wahrgenommen wird. Ein Beispiel für ein Unternehmen mit reiner Hochpreisstrategie ist Apple mit seinen iPhones und iPads, Diese sind am oberen Ende der Preislatte angesetzt und werden erst dann billiger, wenn das Nachfolgemodell auf den Markt kommt. Sie bedienen damit vor allem Technikbegeisterte, die immer das neueste iPhone besitzen müssen. Experten nennen das den Snob-Effekt.[24]

---

[22] Abbildung aus: Pieruschka (2015) abgerufen am 1.2.2016
[23] Vgl. Kastin S. 290ff
[24] Vgl. wirtschaftslexikon24 (2015)

Im Gegensatz dazu steht etwa das Einzelhandelsunternehmen Hofer/Aldi, welches von jeder Produktkategorie immer nur ein sehr billiges Produkt anbietet. Dass dieses durch riesige Mengen extrem billig eingekauft und verkauft werden kann, weiß der Verfasser aus eigener Erfahrung.

Zwei spezielle Formen der Preisgestaltung sind einerseits die Preisdifferenzierung und andererseits der kalkulatorische Ausgleich. Bei der Preisdifferenzierung nimmt man Rücksicht auf die potenziellen Kunden, d. h. ein identes Restaurant einer großen Kette, wird in der Wiener Mariahilfer Straße mehr verlangen für dieselben Produkte als in einem Vorort. Die Preisdifferenzierung kann aber auch zeitlich geregelt sein. Etwa, dass ein Blumenstrauß kurz vor dem Valentinstag teurer ist und kurz danach werden übrige Blumen vergünstigt verkauft. Beim kalkulatorischen Ausgleich wird bei einem gewissen Produkt auf Gewinn verzichtet oder unter den Selbstkosten verkauft um Kunden zu locken und ihnen dann hochpreisige, gewinnträchtige Produkte zu verkaufen meint der Verfasser.

In der Flug- und Hotelbranche ist das Yield-Management zur Preisgestaltung eine gängige Methode um eine größtmögliche Auslastung bei höchstmöglichem Gewinn zu erreichen. Hierzu wird das Angebot (beispielsweise Hotelzimmer) kontingentiert und jedem Kontingent ein Preis zugeordnet, der dann nur so lange verfügbar ist, bis das Angebot aufgebraucht wird. Dadurch wollen Hoteliers den Last-Minute-Bucher den Wind aus den Segeln nehmen, indem sie ein gewisses Kontingent an Billigangeboten schon sehr bald auf den Markt werfen und um sich die nötige Auslastung zu sichern, um profitabel zu sein.[25]

Das Sortiment eines Unternehmens kann mit zwei weiteren Kriterien bewertet werden:

Die Sortimentsbreite beschreibt, wie viele Produkte verschiedenen Typs es gibt z. B. Kleinwagen, Mittelklasse, SUV etc.

Die Sortimentstiefe hingegen sind die Variationen verschiedenster Kleinwagen eines Autoherstellers z. B. bei Volkswagen: Polo, Golf, up! usw. [26]

---

[25] Vgl. rollingpin (2015)
[26] Vgl. Praxisblicke BWL II S. 35f

2.3.4 Portfolioanalyse

Die Portfolioanalyse ist ein Werkzeug des Marketings um ein Produkt in ihren einzelnen Produktlebensabschnitten auf dem Markt zu analysieren.

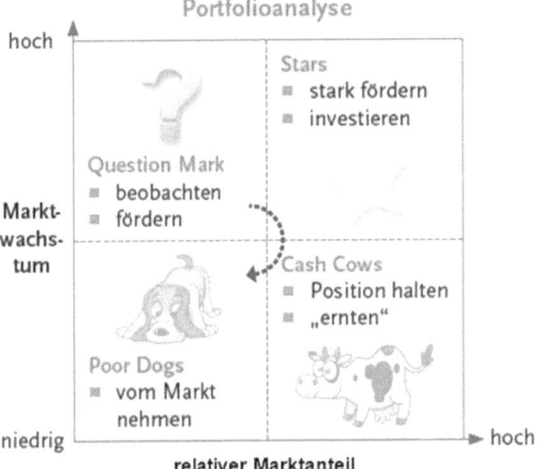

Abbildung 2: Portfolioanalyse[27]

Die Questionmarks sind Produkte, die neu auf den Markt gebracht wurden und noch kaum Marktanteil aufweisen können, sich jedoch stark entwickeln. Bei ihnen muss sich erst zeigen, ob sie sich endgültig etablieren können oder zu Poor Dogs absteigen. Das sind Produkte, die am Markt keinerlei Bedeutung haben und deren Wachstumszahlen eingeschlafen sind. Es ist ratsam diese Produkte oder Dienstleistungen einzustellen. Produkte, die den Sprung vom Questionmark zum bedeutenden Produkt auf dem Markt geschafft haben, nennt man Stars. Sie sollten, solange sie weiterhin hohes Wachstum zeigen, gefördert werden und in sie weiter investiert werden. Flaut die Entwicklung spürbar ab, sollte man versuchen, die Position am Markt zu halten und so lang als möglich Gewinne abschöpfen („To skim the cream"). Deshalb nennt man diese im Fachchargon auch Cash Cows.[28]

2.3.5 Kunden und Zielgruppen

Bei den zielgruppenspezifischen Produktstrategien unterscheidet man in der Regel zwischen vier Kategorien der Distribution:

---

[27] Abbildung aus: Praxisblicke BWL II S. 124
[28] Vgl. Praxisblicke BWL II S. 123f

Launcht man ein Produkt nur in einem bestimmten Marktsegment, so konzentriert sich das Marketing der Meinung des Autors nach auf eben jenes sehr intensiv durch maßgeschneiderte Werbeaktivitäten. Selbiges gilt, wenn es sich um mehrere Segmente handelt, nur wird hierbei dann für jedes einzelne Segment eine spezifische Werbemaßnahme ausgearbeitet.

Werden alle Segmente des Marktes gespeist, so kann man sich zwischen zwei Marketingkonzepten entscheiden. Entweder man überflutet einfach den gesamten Markt mit Werbung, ohne eine Differenzierung für Ziel- oder Altersgruppen zu unternehmen. Anders beim „Differenzierten Marketing", hier wird für jede Ziel- sowie Altersgruppe ein passender Werbekanal sowie eine zielgruppengerechte Werbeaktivität gestartet.[29]

2.3.6 Regionalforschung, Geomarktforschung

Um sein Produkt langfristig erfolgreich verkaufen zu können, darf weder auf die Regional- noch auf die Geomarktforschung verzichtet werden, denn das Eine kann nicht ohne das Andere. Bei der Regionalforschung liegt das Hauptaugenmerk auf die Anpassung an das jeweilige Verkaufsland. Hierzu zählen unter anderem das politische System und dessen Tücken, eventuelle Steuern und Taxen, demo- und geografische Besonderheiten in der Region. Diese werden durch verfügbare Statistiken regionaler Anbieter bereits zusammengefasst. Wichtige Kennziffern beim Aufbau eines Geschäftes sind vor allem die Bevölkerungsanzahl sowie deren Kaufkraft im Umkreis, da z. B. ein Kino wirtschaftlich unter einer bestimmten Größe des Einzugsgebietes erst gar nicht realisiert wird wegen etwaiger Lizenzen. Bei besucherintensiven Einrichtungen darf auch die bestehende sowie geplante Infrastruktur im Umfeld niemals außer Acht gelassen werden. Dietrich Mateschitz beispielsweise investierte Millionen in die Infrastruktur nahe seines Red Bull-Rings in Hotel- oder Gastronomiebetriebe. Bei Geomarktforschung handelt es sich im speziellen um die Erforschung bzw. das Sammeln von geografischen Daten eines Standorts wie etwa mögliche Bauverbote (Hochwasserschutzgebiete), Bodenschätze oder Bodenbeschaffenheit etc.[30]

---

[29] Vgl. Markus Engel (2013)
[30] Vgl. Kastin S. 374ff

2.3.7 Werbeforschung

„Ich weiß, die Hälfte meiner Werbeausgaben ist hinausgeworfenes Geld.

Ich weiß nur nicht – welche Hälfte."[31]

Das Ziel der Werbeforschung ist es, das Budget angemessen zu gestalten und die Zahl der wirkungslosen und somit teuren Werbemaßnahmen zu minimieren.

Die Informationen der Werbeforschung dienen unter anderem dazu das Werbeziel unternehmensoptimiert zu formulieren, zur Auswahl des effektivsten und gleichzeitig zum Werbekapital passendsten Kommunikationskanals. Im Nachhinein kann anhand der Werbeforschung der Erfolg gesetzter Maßnahmen annäherungsweise gemessen werden.

Bei der Berechnung des Werbekapitals, welches in der Regel selten mehr als 5 % des zu erwartenden Gewinns ausmacht, gibt es verschiedenste Ausgangspunkte:

Bei der finanzorientierten Methode („all you can afford") wird der Fokus in erster Linie darauf gelegt, wie hoch der zumutbare Aufschlag auf jedes Produkt ist um weiterhin einen positiven DB zu erzielen. Ein ähnlicher Zugang zur Berechnung des Marketingbudgets ist die Prozent-von-Methode. Das Werbebudget wird anhand eines Prozentsatzes, z. B. vom Vorjahresumsatz, vom geplanten Umsatz oder vom Gewinn oder Deckungsbeitrag bemessen oder geplant. Eine weitere Berechnungsmethode steht immer im Verhältnis zum Marktanteil. Hierbei wird der Fokus mehr auf Wachstum als auf Marktanteilsgröße gelegt, d. h. Produkte mit großem Wachstumspotenzial werden mehr Mittel zugeteilt als Produkte, die bereits einen hohen Marktanteil vorweisen können und kaum noch Wachstumsreserven zu erkennen sind. Eine Möglichkeit besteht auch darin, sich durch Beobachtung und Analyse der Marketingmaßnahmen seiner Konkurrenz und die daraus ungefähr ermittelten Kosten, auch zur Bildung des eigenen Werbebudgets heranziehen.[32]

Das Marketingbudget laufend nach den Zielen anzupassen, ist eine mit erheblichem Mehraufwand verbundene Vorgehensweise. Bemessungsgrößen können beispielsweise der zu erreichende oder zu haltende Marktanteil sein. Dies bedeutet jedoch, dass der Markt kontinuierlich analysiert werden muss, damit diese Maßnahme einen Sinn macht, meint der Verfasser.

Ein weiteres Ziel kann es z. B. sein ein, USP zu erreichen, egal mit welchem Aufwand dies verbunden sein kann, beispielsweise durch das Sichern eines Monopols. Z. B. erkannte Apple bzw. Steve Jobs durch gezielt ausgewertete

---

[31] Henry Ford (1863 – 1947)
[32] Vgl. Kastin S. 377f

Werbung und Marketingbefragungen, dass der Großteil der Smartphone-Benutzer vor allem Wert darauf legt, dass ihr Mobiltelefon so einfach und intuitiv wie möglich zu bedienen sein soll. Dieser rote Faden zog sich einheitlich durch das Sortiment von Apple und macht auch nicht Halt vor der Vereinfachung des Designs. So wurden iPads Senioren in einem Altersheim vorgelegt und nach wenigen Minuten waren die älteren Personen bereits sehr vertraut mit dem Gerät. Sie hatten durchwegs das Gefühl unterstützt zu werden, um Ihnen die Anfangsphase zu erleichtern. Das Hauptmerkmal von Apple's Einfachheit ist, dass bis heute immer nur eine Taste, der Homebutton, am unteren Ende des Gerätes zu finden ist. Dieses, egal ob iPad, iPhone oder iPod sieht immer ident aus und sitzt an exakt derselben Stelle. Der Hang zur Einfachheit ging so weit, dass das iPhone der 1. Generation zwar über eine Kamera verfügte, diese jedoch von Apple nicht zum Filmen gedacht war und somit nur mittels Umgehung der Originalsoftware überhaupt möglich war.[33]

Kaum ein Hersteller am heiß umkämpften Smartphone Markt kann sich erlauben, nicht vom Erfolgsmodell iPhone zu lernen. Der Verfasser ist der Meinung, dass dies zwar den Aufschwung von Apple erst ermöglichte, doch mittlerweile wollen nicht mehr alle Nutzer im „goldenen Apple-Käfig" gefangen werden. Beispielsweise wird es dem Anwender unnötig erschwert, seine in der iCloud gespeicherten Bilder in einen anderen Cloud-Speicherdienst zu übertragen. So setzen verärgerte Kunden vermehrt auf Alternativprodukte am Markt. Mittlerweile stagniert das Umsatzwachstum des iPhones nach Jahren zweistelliger Wachstumsraten. Vor Jahren nahm Apple dem mobilen Internet seinen Ruf, nur viel beschäftigten Geschäftsleuten unterwegs zum Abrufen von E-Mails zu dienen. Nun kämpft das Unternehmen dagegen an, seinen Zenit zu überschreiten und in die Stagnations- bzw. Rückgangsphase zu geraten.[34]

---

[33] Vgl. FAZ (2010)
[34] Vgl. Die Welt (2013)

3. Methoden für eine effiziente Sortimentsgestaltung

3.1 Sortiment und Sortimentsgestaltung

3.1.1 Sortimentspyramide

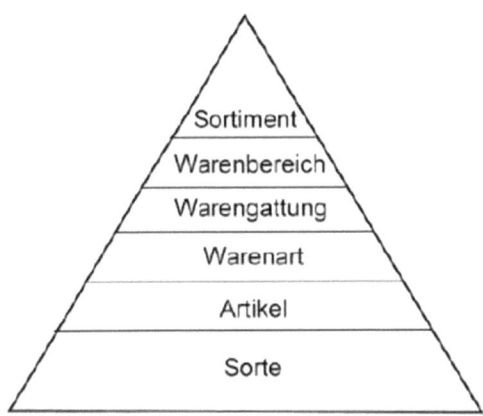

Abbildung 3: Sortimentspyramide[35]

Die Sortimentspyramide ist eine einfache Hilfe um das Sortiment aufzugliedern, etwa eines Supermarktes. Ganz oben steht das Wort **Sortiment**, hierbei kann es sich etwa um Textilien handeln, darunter wird **Warenbereich** etwa in Damen- und Herrenbekleidung aufgeteilt. **Warengattung** kann beispielsweise Hosen und die **Warenart** Jeans sein. **Artikel** dient zur genaueren Bezeichnung (z. B. Levis 501) und unter **Sorte** versteht man z. B. Röhrenjeans usw. Anhand der Anzahl verschiedener angebotener Warengruppen kann die Sortimentsbreite abgelesen werden. An der Zahl der verschiedenen Artikel innerhalb einer bestimmten Warengattung ergibt sich wiederum die Sortimentstiefe.[36]

3.1.2 Einflussfaktoren auf die Sortimentsgestaltung

Es gibt eine Vielzahl an Einflussfaktoren auf die Gestaltung eines Produkt- od. Dienstleistungssortiments, hierzu zählen:

Kunden- und Wettbewerbsorientierung: Das Angebot in Form des Sortiments richtet sich nach der Nachfrage der Kunden am Markt. Zusätzlich muss sich an den Sortimenten der Konkurrenz orientiert werden, da sich ein veraltetes Produkt gegen technologisch überlegenes Produkt derselben Preiskategorie am Markt niemals durchsetzen kann. Die Traditionelle

---

[35] Abbildung aus: Wagner (2001) et al. S. 2
[36] Wagner (2001)

Sichtweise bedeutet, dass das Sortiment materialbezogen differenziert ist, d. h. extra Geschäfte etwa für Eisen-, Holz- und Werkzeugbedarf. Dieses Geschäftsmodell war im 19. und 20. Jh. weit verbreitet und wurde zum Beginn des 21. Jh. nach und nach abgelöst, etwa durch Baumärkte, welche die gesamte Bandbreite von Heimwerkerbedarf unter einem Dach anbieten. Diese Art der Sortimentsgestaltung wird auch Ganzheitliche Sichtweise genannt.[37]

Eine weitere Sortimentspolitik, die allerdings in Österreich am Aussterben ist, bildet der sogenannte Kramer Laden. Dabei handelt es sich um kleine Geschäfte die Dinge aus allen Bereichen des täglichen Bereichs in ihrem Sortiment haben, da sie oft die einzigen Nahversorger in der Orten waren und viele Menschen nicht die Möglichkeit hatten in weiter entfernte, größere Geschäfte zu kommen. Doch mit der zunehmenden Mobilisierung und der zunehmenden Zentralisierung haben diese Läden immer mehr an Bedeutung verloren und spielen kaum noch eine Rolle auf dem Markt meint der Verfasser.

3.1.4   Sortimentspolitische Alternativen

Es gibt in der Regel drei Arten von sortimentspolitischen Alternativen:

Bei der Ausweitung (Sortimentsexpansion) wird entweder die Sortimentstiefe oder die –breite erhöht, um eine größtmögliche Käuferschicht zu erreichen.

Als zweites Werkzeug dient die Strukturveränderung. Dabei handelt es sich beispielsweise um den Austausch einzelner Produkte einer Kategorie, um Ladenhüter zu eliminieren. Zusätzlich kann die Gewichtung verlagert werden, etwa durch Veränderung der Platzierung im Markt oder produktspezifische Werbung. Das Sortiment zu straffen wird im Fachjargon auch Einengung oder Sortimentskontraktion genannt. Dabei wird vor allem die Sortimentstiefe reduziert oder es erfolgt eine Spezialisierung durch Eliminierung bestimmter Waren- oder Artikelgruppen.[38]

3.1.4   Sortimentsgestaltung im Rahmen der ECR-Konzept

Das Efficient-Customer-Response-Konzept (ECR) hat das Ziel die Beziehung zwischen Kunden und Händlern weg von einer konfrontationsgeprägten hin zu einer kooperationsgeprägten Zusammenarbeit zu führen.

Die vier Grundsteine der ECR sind effiziente Nachbestellung und Logistik, effiziente Sortimentsgestaltung, effiziente Verkaufsförderung sowie effiziente

---

[37] Vgl. Handelswissen (2015)
[38] Vgl. AkademieHandel S. 48

Neuproduktentwicklung. Der Verfasser geht hierzu nur auf die effiziente Sortimentsgestaltung ein, da die Anderen nicht in die Kategorie Marketing und Sortimentsgestaltung fallen. Das Kernziel der effizienten Sortimentsgestaltung ist es, die Warenumschlagshäufigkeit zu erhöhen d. h. das Vermeiden von übermäßigen Lagerzeiten und somit drohende technologische Veralterung:[39]

$$Lagerumschlagshäufigkeit = \frac{Umsatz}{\text{Ø Bestand Vorräte}}[40]$$

Beispiel:

Der Umsatz des Unternehmens A beträgt 100.000 € im Jahr 2015. Der Warenbestand hat einen Wert von 60.000 € am 1.1.2015 und einen Wert von 50.000 € am 31.12.2015. Daraus ergibt sich folgende Rechnung:

$$Lagerumschlagshäufigkeit = \frac{100.000}{\frac{(60.000 + 50.000)}{2}} = 1,81 \; mal \; pro \; Jahr$$

Vereinfacht gesagt bedeutet das Ergebnis, dass das Lager im vergangenen Jahr 1,81-mal durchgetauscht wurde. Um diesen Wert anschaulicher darzustellen, wird er gerne umgerechnet in die Warenumschlagsdauer in Tagen.

$$Lagerumschlagsdauer \; in \; Tagen = \frac{365}{Lagerumschlagshäufigkeit}[41]$$

Je höher dieser Wert ist, umso geringer ist der dauerhaft gebundene Kapitalwert, und damit vermindert sich auch die benötigte Finanzierung, die entweder extern von einer Bank bezogen werden muss oder Mittel beansprucht, die dadurch nicht für etwaige Investitionen zu Verfügung stehen. Setzt man die oben errechneten Werte in die Formel der Lagerumschlagsdauer in Tagen ein, so erhält man folgendes Ergebnis:

$$Lagerumschlagsdauer \; in \; Tagen = \frac{365}{1,81} = 201,66 \; Tage$$

In diesem Beispiel ergibt sich ein sehr hoher Wert was bedeutet, dass der Ø Lagerbestand überhöht ist und am besten verringert werden sollte, um Lagerkosten zu senken. Durch diese einfache Rechnung ist leicht zu erkennen, dass darauf zu achten ist die Lagerdauer immer möglichst gering zu halten. Etwa den Lagerbestand für seltener verkaufte oder teurere Produkte immer möglichst gering zu halten und diese immer erst Just-In-time zu produzieren bzw. zu beschaffen. Daraus folgend sollte auch das Sortiment zum Großteil aus

---

[39] Vgl. Holzkämper S. 40ff
[40] Vgl. Rechnungswesen heute V S. 98ff
[41] Vgl. ebd. S. 98ff

Produkten mit einer hohen Umschlagshäufigkeit bestehen, da diese billiger in der Lagerung und Finanzierung sind.[42]

3.1.5 Beschaffungsmethodenpolitik

Die Beschaffungsmethodenpolitik wird in drei große Teilbereiche aufgeteilt:

„Beschaffungsorganisation: Ist der Einkauf zentral oder dezentral organisiert?

Beschaffungsarten (-prinzipien): Vorratsbeschaffung, Fertigungssynchrone Beschaffung, Einzelbeschaffung

Beschaffungsmenge und Beschaffungstermine: Welche Methode der Bedarfsermittlung ist geeignet? Wie hoch ist die optimale Bestellmenge?"[43]

Bei der Beschaffungsorganisation wird zwischen zentraler und dezentraler Beschaffung unterschieden. Dabei sind die Vorteile der zentralen Beschaffung einerseits der Kostenvorteil durch größere Bestellmengen, optimierte Marktkenntnisse durch Spezialisierungen sowie einfachere und bessere Kontrollmöglichkeit. Dazu im Gegensatz stehen die Nachteile wie der erhöhte Verwaltungsaufwand, der erhöhte Zeitaufwand durch verlängerte Bestellwege und vor allem die Starrheit dieses Systems, was erschwert, sich an neue Situationen anzupassen. Bei dezentralen Beschaffungsorganisationen drehen sich diese Vor- zu Nachteilen und umgekehrt um.[44]

Es gibt drei verschiedene Beschaffungsarten, welche in den meisten Unternehmen in einer Kombination zwei dieser oder aller drei zum Einsatz kommen:

Für Produkte oder Produktbestandteile die andauernd und in hohen Mengen gebraucht werden, wird meist die Vorratsbeschaffung angewendet. Wie der Wortlaut bereits vermittelt, wird hierbei der benötigte Artikel auf Vorrat gelagert und bei Bedarf aus dem Lager entnommen. Komponenten die in geringeren Mengen zur Verfügung stehen müssen werden Just-In-Time geordert, also erst bestellt, wenn feststeht, dass ein Bedarf bestehen wird. So, dass das Gut bei der Leistungserstellung verfügbar ist.[45]

Teure Produkte wie z. B. der exklusive Hummer in einem Gourmetrestaurant wird etwa nur beim Großhändler bestellt/gekauft, wenn jemand diesen oder ein Menü, welches das Luxusgut beinhaltet, reserviert. Da jede Bestellung einzeln

---

[42] Vgl. ebd. S. 90ff
[43] Vgl. Praxisblicke Betriebswirtschaft II S. 198ff
[44] Vgl. Praxisblicke BWL II S. 200
[45] Vgl. Wirtschaftslexikon24 (2014) Kapitel Just-In-Time-Beschaffung

erfolgt, nennt sich diese Art der Beschaffung Einzelbeschaffung bzw. das Prinzip der fallbezogenen Beschaffung. [46]

	Vorteile	Nachteile
Vorratsbeschaffung	Preisvorteil durch Beschaffung in großen Mengen, Verfügbarkeit zu jeder Zeit	Hohe Lagerkosten, hohe Kapitalbindung, Risiko des Wertverlusts im Lager (Technische Neuerungen)
Just-In-Time-Beschaffung	Kaum Bedarf an Lagerraum, Prozessoptimierung gemeinsam mit dem Lieferanten möglich	Produktion steht bei relativ kurzen Verzögerungen still (Streik, Stau etc.), Kalkulation sehr schwierig bei Unregelmäßigkeiten
Einzelbeschaffung	Lagerkosten minimal, kaum Kapital gebunden	Nur durch sehr kurze Lieferzeiten verzögerungsfrei möglich, teurere Einkaufspreise durch niedrige Abnahmemenge

Tabelle 1: Vor- und Nachteile von Beschaffungsmethoden[47]

3.1.6 Auswahl der optimalen Beschaffungsart

Als Hilfe zur Auswahl der optimalen Beschaffungsart dienen Unternehmer ABC- und XYZ-Analysen.

Bei der Ersteren teilt man die Güter, die zur Erstellung des Endprodukts notwendig sind, wertmäßig auf. A-Güter sind Bestandteile. die einen, zum Endprodukt, relativ hohen Wert- bei niedrigem Materialanteil haben. Sie werden nur in geringen Mengen im Lager aufbewahrt um die Kapitalbindung möglichst niedrig zu halten, wodurch der Anteil der Fremdfinanzierung niedrig bleibt. Bei diesen Materialien empfiehlt sich daher die Just-In-Time-Beschaffung. B- und C-Güter haben anteilsmäßig einen niedrigeren Wert und werden öfter benötigt, deshalb liegen größere Mengen dieser auf Lager (Vorratsbeschaffung). Wobei man zu C-Güter meist Kleinteile wie Schrauben oder Dichtungen zählt.

Als Zweites wird durch die XYZ-Analyse die Häufigkeit der Verwendung aufgezeigt. X-Güter werden zu jeder Zeit der Produktion benötigt. Der Verbrauch dieser ist immer auf einem konstanten Niveau, daher kann die Bestellmenge sehr exakt vorausgesagt werden. Y-Güter unterliegen saisonalen Schwankungen z. B. Punsch in einem Gasthaus – nur im Winter. Dadurch kann

---

[46] Vgl. Praxisblicke BWL II S. 201ff
[47] Vgl. Praxisblicke BWL II S. 201ff

23

der Bedarf, je nach bisherigen Erfahrungswerten, mittelmäßig vorhergesagt werden. Z-Güter sind sehr problematisch in der Bedarfsplanung, da ihr Verbrauch sehr unregelmäßig ist.[48]

3.2 Datenquellen als Grundlage der Sortimentsgestaltung

3.2.1 Retail-Panel und Scanner-Panel

Es werden grundsätzlich zwei Arten von Panels unterschieden, das Retail- und das Scanner-Panel. Sie dienen als weitverbreitete Quelle von Daten z. B. bei Abverkäufen um die restlich lagernde Stückzahl einfach auflisten zu können. Es können damit einfach und periodenrein Anteile einzelner Artikel am Umsatz ausgewertet werden. Um Ergebnisse zeitlich verschiedener Erhebungen vergleichbar zu gestalten, ist es sehr wichtig, je Panel den Erhebungskreis und den Untersuchungsgegenstand beizubehalten.

Das Retail-Panel gliedert sich in drei große Teilbereiche, welche sich zur Konkretisierung auch noch unterteilen lassen wie in der unten angeführten Grafik.[49]

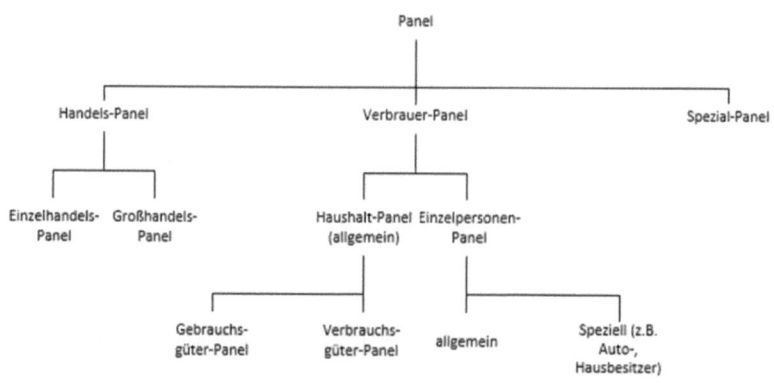

Abbildung 4: Panelarten[50]

3.2.2 Einzelgeschäftsdaten

Einzelgeschäftsdaten sind von Marktforschungsinstituten isoliert betrachtete Fragestellungen zu einer einzelnen Geschäftsaktivität innerhalb eines erfassten Panels. Der daraus resultierende Vorteil ist die Fokussierung auf eine einzelne

---

[48] Vgl. Praxisblicke BWL II S. 204 – 210
[49] Vgl. Wirtschaftslexikon Kapitel Panel (2015)
[50] Abbildung: Eigene Darstellung

Aktivität und die Möglichkeit diese bis in die Tiefe zu analysieren. Das führt aber wiederum zum größten Nachteil dieser Daten. Da bei dieser Art der Tiefenanalyse eines einzelnen Marktausschnitts leicht der Überblick über den Gesamtmarkt verloren wird. Daher ist es wichtig sich im Vorfeld klar zu machen, in welche Richtung die Marktforschung gepusht werden soll - breite oder tiefe Marktanalyse - da eine breite und gleichzeitig tiefe Auswertung von Marketingdaten viel zu teuer und damit meist unwirtschaftlich sein wird.[51]

3.2.3 Geschäftseigene Scanner-Daten

Speziell im Handel stehen durch die elektronischen Registrierkassen und die darin enthaltenen Scanner Unmengen von Daten zur Verfügung. Da diese kaum Fehler aufweisen, werden sie im Handel gerne als Basis zur Sortimentsgestaltung verwendet, etwa um Verkaufsschlager und Ladenhüter zu erkennen und diese wichtigen Informationen bei der nächsten Bestellung oder für produktspezifische Marketingmaßnahmen zu nützen. Die Daten geschäftseigener Systeme benötigen kaum Auswertungskenntnisse, da eine automatische Analyse im System meist integriert ist.[52]

In den letzten Jahren gewannen RFID (Radio Frequency Identification)-Chips auch im Handel immer mehr an Bedeutung, welche bislang aus Kostengründen eher bei teureren Produkten Verwendung fanden. Sie sollen die Inventur am Ende des Jahres nahezu überflüssig machen, weil die Chips fähig sind, selbstständig den vorhandenen Lagerbestand zu melden und bei Bedarf Nachbestellungen vorzuschlagen oder auszulösen, meint der Verfasser.

3.2.4 Consumer-Panel

Das Consumer-Panel oder auch Kunden-Panel genannt ist eine Sonderform einer immer wiederkehrenden Befragung einer möglichst gleichbleibenden Konsumentengruppe. Diese können in Form von Einzelinterviews, Gruppendiskussionen, telefonische Befragungen oder Onlinefragebögen abgehalten werden. Sie liefern durch die Kontinuität eine gute Möglichkeit Fehler im eigenen System frühzeitig zu erkennen und diese anhand etwaiger Lösungsvorschläge die z. B. in Gruppendiskussionen ausgearbeitet werden, entgegen zu wirken.[53]

Oftmals werden zukünftige Konsumenten bereits in den Entstehungsprozess von Produkten und Sortimenten interaktiv eingebunden, um diese mitzugestalten.

---

[51] Vgl. Schröder (2003) S. 147ff
[52] Vgl. ebd. S. 148f
[53] Vgl. Schröder (2003) S. 149ff

Um ein effektives Consumer-Panel zu betreiben, stehen unzählige Plattformen im Internet zur Verfügung die teilweise auch kostenlos ihren Service anbieten z. B. www.ingress.de, meint der Verfasser.

3.2.5 Bondaten/Warenkorbdaten

Eine weitere Möglichkeit zur Auswertung des Kaufverhaltens von Kunden ist die Bondatenanalyse, welche jedoch im Einzelhandel angesichts des enormen Arbeitsaufwands kaum betrieben wird. Viel einfacher durchzuführen ist die Analyse der Warenkörbe, z. B. durch die Verkaufsdame bei der Kassa, dies liefert auch brauchbare jedoch sehr grobe Informationen über das Kundenverhalten. Einfacher ist es für die Betreiber eines Onlineshops: sie müssen nur die digitalen Infos Ihrer Bestellungen auswerten um erkennen zu können, welche Produkte gerne gemeinsam gekauft werden. Bei Datenschützern wird dieses Vorgehen jedoch als sehr problematisch eingeschätzt, da sensible Daten oft unverschlüsselt zur Analyse gespeichert werden.[54]

3.2.6 Ad-hoc-Studien

Ad-hoc-Studien sind Sonderformen von Befragungen. Sie werden speziell initiiert und sind maßgeschneidert auf eine kurzfristig auftretende Fragestellung, die hohe Priorität hat. Dafür werden oft auch extra Studien gestartet, nur um diese spezielle Problemstellung zu durchleuchten. Im Gegensatz zu Panels werden Ad-hoc-Studien nur einmalig durchgeführt und zeigen somit nur eine Momentaufnahme des Marktes oder der Konsumenten und können somit durch tagesaktuelle Ereignisse stark verfälscht werden.[55]

Häufig eingesetzt werden sie vor allem in der Politik und der Meinungsforschung, z. B. im Herbst 2015, wie die Stimmung der Bevölkerung zum zunehmenden Flüchtlingsstrom aus den Kriegsländern Syrien usw. ist, meint der Verfasser.

3.3 Sortimentsgestaltung mit Hilfe von Kennzahlanalysen

3.3.1 Einzelproduktbezogene Kennzahlen/Analysen

3.3.1.1 Absatz, Verkaufspreis und Umsatz

Die wichtigsten Produktkennzahlen zählen Absatz, Verkaufspreis und Umsatz.

---

[54] Vgl. ebd. S. 151ff
[55] Vgl. Wirtschaftslexikon Kapitel Ad-hoc-Studie

Unter dem Begriff Absatz versteht man die Menge an verkauften Gütern z. B. in Stück, Liter, Kubikmeter usw. Der Preis pro verkaufter Einheit wird auch Verkaufspreis genannt, sodass Absatz und Verkaufspreis multipliziert den Umsatz ergeben. Dieser lässt sich noch aufteilen in Umsatz je Artikel. Je nach gestecktem Verkaufsziel, entweder mengen- oder umsatzmäßiges Ziel, kann durch das Errechnen der o. a. Kennzahlen mit simplen Mitteln ermittelt werden, ob der anvisierte Erfolg erreicht, übertroffen oder verfehlt wurde. Sollte das Ziel verfehlt worden sein, kann überprüft werden, ob zu wenig Stück verkauft wurden oder anhand von Preisvergleichen mit der Konkurrenz, ob das negative Ergebnis durch einen zu niedrig angesetzten Verkaufspreis zustande gekommen ist.[56]

3.3.1.2 Handesspanne

Die Handelsspanne errechnet sich durch den Abzug des Einstandspreises vom Verkaufspreis. Dazu muss allerdings der Einstandspreis fehlerfrei errechnet worden sein, was mitunter nicht problemlos geschieht. Bewertet werden kann die Handelsspanne nur als gemeinsame Größe mit der Anzahl der verkauften Stück, da eine hohe Handelsspanne allein keine Aussagekraft hat. Meistens wird die Handelsspanne in Prozent des Verkaufspreises angegeben. Sollte der Einstandspreis wegen nachträglich gegebener Skonti oder Rabatte nicht eindeutig feststellbar sein, so kann man sich anstelle dessen auf den Einkaufspreis beziehen.[57]

3.3.1.3 Deckungsbeitrag

Der Deckungsbeitrag (DB) ist im Allgemeinen durch die Formel:

$$Deckungsbeitrag = Umsatz - Kosten$$

definiert. Betrachtet man diese genauer, ist zu erkennen, dass ein noch so hoher Gewinn durch zu hohe Kosten im Unternehmen aufgefressen wird, d. h. durch den DB lassen sich Umsatz und Kosten in ein Verhältnis setzen. Je höher dieser DB etwa pro Stücke oder pro Auftrag ist, desto besser. Dadurch wird anschaulich gemacht, dass es oft effektiver ist, für eine Firma einen günstigen Artikel mit niedrigen Kosten zu produzieren und in hohen Stückzahlen zu verkaufen als sich auf hochpreisige Produkte zu konzentrieren, die einen sehr niedrigen DB wegen zu hoher Kosten aufweisen. Im Falle eines Engpasses und mehrerer möglicher Aufträge sind mittels der Deckungsbeitragsrechnung die einzelnen DB's der durchführbaren Bestellungen zu errechnen. Um ein optimales Ergebnis zu

---

[56] Vgl. Dyckerhoff (1993) S. 66f
[57] Vgl. Rechnungswesen heute III S. 172ff

erzielen, sollte dann der mit dem höchsten Gesamtdeckungsbeitrag ausgeführt werden.[58]

3.3.1.4 Direkte Produkt Rentabilität (DPR)

Anders als beim DB werden bei der Direkten Produkt Rentabilität nicht nur die zum DB zurechenbaren Einzelkosten beachtet, sondern auch die Gemeinkosten in der Höhe wie sie anfallen werden aufgeteilt auf die einzelnen Artikel. Das Hauptproblem liegt darin, die angefallenen Kosten verursachungsgetreu und ohne einen nicht im Verhältnis stehenden Aufwand aufzuteilen. Zu beachten ist, dass am Ende des Jahres alle im Unternehmen anfallenden Kosten, einer Kostenstelle zugerechnet werden müssen, da man sonst einen Verlust riskiert. Im Großen und Ganzen ist die DPR-Rechnung am ehesten für Unternehmen sinnvoll, die eine geringe Anzahl an Produkten anbieten, da der Rechenaufwand ansonsten ins Unermessliche steigt und sehr undurchsichtig wird.

3.3.2 Ausgewählte einzelproduktbezogene Kennzahlen/Analysen

3.3.2.1 Preisklassenanalyse

Bietet ein Hersteller etwa eine Ware in der Hochpreis-, einen Zweite in der Mittelpreis- und eine Dritte in der Diskontpreisklasse an, kann durch die Auswertung der Absatzzahlen analysiert werden, welche Preisklasse die Konsumenten bevorzugen. Wie o. a. ist meist das mittelpreisige Produkt am Markt wenig erfolgreich, da es kaum auffällt. Ist etwa der Absatz der, um das Vielfache teureren, High End-Linie mindestens so hoch wie das Billigprodukt, so ist daraus zu schließen, dass dessen Preis noch nicht absatzmaximiert gestaltet ist. Umgekehrt kann dies auch auf einen zu hohen Verkaufspreis der Discountvariante hinweisen.[59]

Idealerweise können die so gesammelten Informationen dafür genutzt werden, die qualitätsbezogenen Preisobergrenzen und Preisuntergrenzen an die Kauflaune der Kunden anzupassen, meint der Verfasser.[60]

3.3.2.2 Preisabstandsanalyse

Die Preisabstandsanalyse als zweites sehr wichtiges Instrument der Preisanalyse stellt den Absatz- bzw. den Umsatzanteil eines bestimmten Produktes oder einer

---

[58] Vgl. Rechnungswesen heute III S. 138ff
[59] Vgl. Logipedia (2011) Kapitel Preisklassen-Analyse
[60] Vgl. Praxisblicke BWL II S. 131ff

bestimmten Produktkategorie im Verhältnis zum Lagerbestandswert dar. Die Preisabstandsanalyse hilft dabei zu erkennen, ob eigene Produkte am Konsumentenmarkt in Konkurrenz zueinanderstehen d. h., ob eine Preissenkung des billigeren Produktes möglicherweise die Absatzzahlen des teureren Artikels ankurbeln könnte. Der daraus resultierende Vorgang wird auch der kalkulatorische Ausgleich genannt, weil der verminderte Gewinn des ersten Produktes durch das zweite Produkt mindestens ausgeglichen oder im besten Fall sogar erhöht wird.[61]

---

[61] Vgl. Praxisblicke BWL II S. 133

4. Literatur- und Quellenverzeichnis

Activia. (6. 11 2015). Abgerufen am 6. 11 2015 von http://www.activia.at/testwochen

Akademiehandel. (2015). *Akademiehandel.* Von https://www.akademie-handel.de/fileadmin/user_upload/file/probelektion/Probelektion_StoreMan_20131 205.pdf abgerufen

Berlinger, R., Monika, E., Peter, T., Jürgen, L., & Peter, K. (2012). *Rechnungswesen heute III.* Linz: TRAUNER Verlag.

Blum, C. (2. 10 2013). *Die Welt.* Abgerufen am 22. 2 2016 von http://www.welt.de/wirtschaft/webwelt/article120574719/Als-Steve-Jobs-den-goldenen-Kaefig-erschuf.html

Brand, A., & Dettweiler, M. (3. 8 2010). *faz.* Abgerufen am 13. 2 2016 von http://www.faz.net/aktuell/technik-motor/computer-internet/apples-ipad-im-senioren-test-und-um-das-ding-haben-die-sich-gekloppt-1606981.html

derStandard. (3. 9 2013). Abgerufen am 1. 2 2016 von http://derstandard.at/1376535418772/Microsoft-kauft-Nokia-Kerngeschaeft

Dyckerhoff, S. (1993). *Sortimentsgestaltung mit Deckungsbeiträgen im Einzelhandel.* Hallstadt.

Ellmer, M., Jarosch-Frötscher, C., Rammer, E., Schaur, E., & Schütz, I. (2012). *Praxisblicke Betriebswirtschaft* (Bd. II). Linz: Trauner Verlag.

Fabian. (2013). *Rechnungswesen Verstehen.* Abgerufen am 19. 2 2016 von http://www.rechnungswesen-verstehen.de/bwl-vwl/marketing/marktforschung.php

Ford, H. (1863 - 1947).

Gorbatschow, M. S. (1931 - *).

Handelswissen. (2015). *Handelswissen.* Abgerufen am 25. 1 2016 von http://www.handelswissen.de/data/themen/Marktpositionierung/Sortiment/Sortim entsbildung

Hebbel, F. (23. 7 2015). Abgerufen am 25. 7 2015 von http://matys.at/service/Zitate%20fuer%20Produktmanager.pdf

Holzkämper, O. (1998). *Category Management: Strategische Positionierung des Handels.* Göttingen.

Hompel, M., & Heidenblut, V. (10. 4 2011). *Logipedia.* Abgerufen am 22. 2 2016 von http://www.logipedia.de/lexikon/Preisklassen-Analyse/

Kastin, K. S. (2008). *Marktforschung mit einfachen Mitteln* (Bd. 3). München: Deutscher Taschenbuch Verlag.

Kuss, A., & Eisend, M. (2010). *Marktforschung: Grundlagen der Datenerhebung und Datenanalyse.* Frankfurt/Oder: Springer-Verlag.

Markus Engel über zielgruppengerechte Werbung (2013). [Kinofilm]. Abgerufen am 13. 2 2016 von http://www.marconomy.de/markus-engel-ueber-zielgruppengerechte-werbung-v-24451-12661/

Meyhöfer, A. (2015). *blogsheet.info.* Abgerufen am 15. Februar 2016 von https://blogsheet.info/methoden-der-marktforschung-2023

Pieruschka, M. (6. 2 2015). *4g.de*. Abgerufen am 1. 2 2016 von
https://www.4g.de/news/allensbach-studie-2014-smartphones-10393/

Prof. Dr. *Michael Bernecker: Die 5 D`s der Marktforschung - Deutsches Institut für
Marketing* (2012). [Kinofilm]. Abgerufen am 23. Juli 2015 von
https://www.youtube.com/watch?v=vnOqkP82dQo

Raab, G., Unger, A., & Inger, F. (2013). *Methoden der Marketing-Forschung: Grundlagen
und Praxisbeispiele*. Wiesbadeb: Gabler Verlag.

rollingpin. (2015). Abgerufen am 13. 2 2016 von
http://www.rollingpin.at/magazin/ausgaben/44/gewinnoptimierung-durch-yield-
management/

Schröder, H. (2003). *Category Management: Aus der Praxis für die Praxis: Konzepte -
Kooperationen - Erfahrungen*. Deutscher Fachverlag.

Schwarzbauer, A. P. (22. 7 2015). *Universität für Bodenkultur Wien*. Abgerufen am 22. 7
2015 von
https://www.wiso.boku.ac.at/fileadmin/data/H03000/H73000/H73500/_TEMP_/Le
hrmaterial/Datenerhebung/datenerhebung_kap5.pdf

Wagner, J. (2001). *Planung des operativen Marketing: Preispolitik, Konditionenpolitik*.
Mittweida: Grin.

Wimmer, F. (2015). *Lexikon der Marktforschung*. Abgerufen am 14. 9 2015 von
http://franzwimmer.tripod.com/

wirtschaftslexikon24. (2015). Abgerufen am 13. 2 2016 von
http://www.wirtschaftslexikon24.com/d/snobeffekt/snobeffekt.htm

Wirtschaftslexikon24. (22. 9 2015). Von
http://www.wirtschaftslexikon24.com/d/panel/panel.htm abgerufen

wissenswertGmbH. (2003). *wissenswert*. Abgerufen am 29. 9 2015 von
http://www.dripartner.de/WE_Lernsystem/Daten/2_mat/Marktforschung_Grundla
gen_wissensWert.pdf

Wübbenhorst, P. D. (22. 7 2015). *Gabler Wirtschaftslexikon*. Abgerufen am 22. 7 2015
von Springer Gabler:
http://wirtschaftslexikon.gabler.de/Archiv/11620/sekundaerforschung-v6.html

III. Abbildungsverzeichnis

Abbildung 1: Marktanteile Smartphones 2014 13

Abbildung 2: Portfolioanalyse 15

Abbildung 3: Sortimentspyramide 19

Abbildung 4: Panelarten 24

IV. Tabellenverzeichnis

Tabelle 1: Vor- und Nachteile von Beschaffungsmethoden 23